AF244592

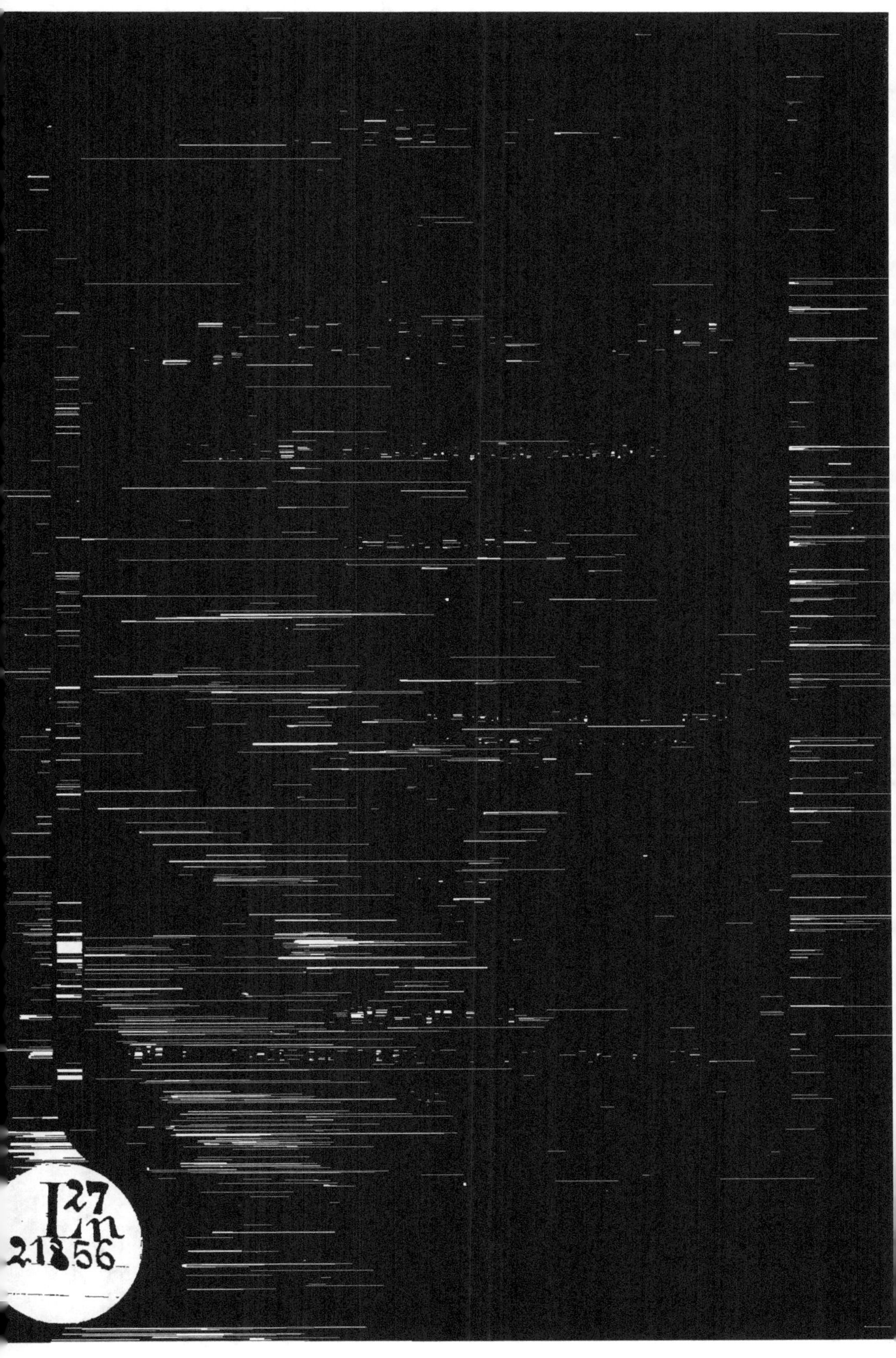

JUBILÉ

DE

M. LE PASTEUR MÆDER

CÉLÉBRÉ A L'ÉGLISE RÉFORMÉE DE STRASBOURG

LE 7 MAI 1865

> Que je suis petit auprès de toutes les grâces que tu as constamment répandues sur ton serviteur !

STRASBOURG

IMPRIMERIE DE VEUVE BERGER-LEVRAULT

1865

TABLE.

Predigt

gehalten

von Hrn. Pfarrer Mäder

über

Josua, Kap. 24, V. 15.

———

Andächtige in Christo Jesu geliebte Freunde und
Zuhörer!

Den siebenten Mai achtzehnhundert und fünfzehn, heute vor fünfzig
Jahren, habe ich zum ersten Mal, als euer berufener Lehrer, diese
Kanzel betreten, und wenn ich, bei dieser Erinnerung, des Gebers aller
guten und vollkommenen Gabe gedenke, so blicke ich auch mit Rührung
auf die vor mir versammelte Gemeinde, welche einst den unerfahrenen
Jüngling mit nachsichtiger Güte aufgenommen hat und jetzt sein greises
Haupt mit Blumen schmückt. Dank euch Allen für diesen Beweis
euerer Liebe, dem ich nur im Gefühl meiner Schwachheit auszuweichen versuchte, und den ich, besserer Einsicht nachgebend, willig
annahm, weil an dem Tag, wo meine ganze Vergangenheit an mir
vorübergeht, ich gar manches mit euch besprechen möchte. Doch werdet
ihr mir erlauben mein Leben zu überschlagen, um bei dem Einen das
noth thut stehen zu bleiben.

Will ich aber Gott allein die Ehre geben, so bin ich, bei dem
Reichthum des Stoffes, lange in der Wahl des Gegenstandes meiner
Unterhaltung mit euch unschlüssig geblieben. Da trat vor meine Seele

Josua der Sohn Nuns, der treue Gehülfe und Nachfolger Mosis, als er am Ziele seiner Laufbahn, zu Sichem, den Stämmen Israels die Wohlthaten des Herrn vorhielt, ihnen freistellte Gott treu zu bleiben oder von ihm abzufallen, und seine Rede mit den Worten schloß: Ich und mein Haus wollen dem Herrn dienen. Nun schien es mir, daß ich und meine Gemeinde nur ein einziges Haus ausmachten, und ich gelobte in meinem Herzen mit ihr dem Herrn zu dienen. Gefällt euch dieses Gelübde, so bezahlt es, indem ihr eintretet in das Heiligthum des Glaubens, beitretet den Forderungen des geheiligten Willens, und fortschreitet in dem Werke des Herrn.

Du aber, Vater unseres Herrn Jesu Christi, kräftige mich in dieser Stunde, damit alle die mich hören aus dem Grunde ihres Herzens sprechen: Wir wollen dem Herrn unserem Gott dienen und seinem Namen gehorchen. Amen.

1. Um dem Herrn recht zu dienen, müssen wir eintreten in das Heiligthum des Glaubens. Daß dasjenige was, nach dem gemeinen Begriff, Glauben genannt wird, nicht immer der rechte Glaube sei, weiß jeder aus eigener Erfahrung, besonders wer Schweres erlebend, zu Gott schreit: Ich glaube, Herr, hilf meinem Unglauben. Es thut mithin Noth dem rechten Glauben nachzuspüren, und da stoßen wir denn auf eine Menge von Klippen und verlieren uns in einer Menge von Irrgängen, welche das Ziel verrücken und hier zum Aberglauben dort zum Unglauben, hier zum Fanatismus dort zur Gleichgültigkeit in göttlichen Dingen verleiten. Unsere geistig vielfach bewegte Zeit ist besonders geeignet diese trostlose Wirkung hervorzubringen und die Menschheit in endloses Verderben zu stürzen. Um so mehr müssen die Treugebliebenen, Irrthum und Lüge entschieden abweisen, die Verblendeten aber mit schonender Milde auf den rechten Weg zu leiten suchen.

Da ich weder Schwärmer noch Ungläubige, daß heißt keine schwer zu belehrende, vor mir sehe, ist es überflüssig unsere Zustände in ihrem ganzen Umfang zu schildern, obschon auch bereitwillige Diener, durch verwegene Geister, in ihren christlichen Ueberzeugungen erschüttert worden sind. Oder wäret ihr schon weiter gekommen als ich meine? Hättet ihr den Glauben, den kindlichen Glauben euerer Jugend, gegen den schillernden Tand neuerungssüchtiger Wühler vertauscht? Nein, so weit ist es mit euch nicht gekommen; möglich aber ist es, daß euch in dem Getöse die Ohren gellen, daß euch die Frechheit des Angriffs aus der Fassung bringt, daß ihr Mühe habt den Faden festzuhalten der euch an den Himmel knüpft, und da will ich es denn versuchen euere Zweifel zu lösen, um den Glauben Vieler wieder aufzurichten.

Die ungläubige Richtung unserer Zeit ist Wirkung des Zwiespalts zwischen Glauben und Wissen. Die Wissenschaft, heißt es, wolle nichts vom Glauben, und die Kirche wolle nichts vom Wissen hören. Nun ist es erwiesen daß, in frühern Zeiten wenigstens, die Kirche jeden Fortschritt im Wissen verdächtige, und, im Verband mit der weltlichen Macht, die Wissenschaft zu beknechten suchte. Das Naturgemäße aber läßt sich nicht ewig binden, und so schwang die Wissenschaft sich zu einer seltenen Höhe empor, von welcher sie herabfiel als sie, in übermüthiger Selbstgefälligkeit, an ihrer Nebenbuhlerin das Vergeltungsrecht auszuüben wagte, und dies ist der Feind welcher jetzt verderbendrohend hinter der Thüre des Heiligthums lauert.

Ich habe zugegeben, daß die Kirche ehemals die Wissenschaft zu bevormunden suchte, und ich habe ihre Anmaßung getadelt, weswegen es mir wohl zukommt den Uebermuth der Wissenschaft zu rügen. Wissenschaft und Religion schöpfen ihren Stoff aus ganz verschiedenen Quellen, richten ihr Augenmerk auf ganz verschiedene Gegenstände und haben eigene Wege zum Ziel. Die Erste beruht auf Erfahrung, beschränkt sich auf das Sichtbare und begnügt sich mit dem Zeugniß der Sinne; die Zweite hört auf das Gewissen, lebt in dem Gebiete des Geistes und stützt sich auf die Geschichte. Das Letztere läßt die Wissenschaft nicht gelten; denn was über das Zeugniß der Sinne geht, ist ihr Hirngespinnst. Und doch gibt es einen innern Sinn, zum Schauen einer innern Welt, welche ihre Gesetze hat wie die Natur. Nur weil dieses bestritten wird, nur weil die Wissenschaft der Religion ihren

Gang aufdringen will, zögert die Kirche sich mit ihr zu verbinden. Laßt Beiden, der Wissenschaft und der Religion, ihren Gang, und sie werden sich schwesterlich begrüßen, denn was wäre das Weltall ohne einen lebendigen Gott, und was wäre die Religion ohne die reinigende Luft des verständigen Denkens?

Wollt ihr nun in das Heiligthum des Glaubens eintreten, so verachtet nicht die Wissenschaft; nehmt sie vielmehr als nützliche Gehülfin mit euch, mißtraut ihr aber, wenn sie die Geisterwelt nach ihrem Maßstabe messen will, und überseht nie daß das geistige Auge Dinge sieht, daß das geistige Ohr Dinge hört welchen die Sinnenwelt nichts ähnliches entgegen zu setzen vermag, und welche ein Recht haben zu sein wie sie. Warum sollte Gott, der in dem All der Dinge sich verkündigt, nicht auch in dem Herzen des Menschen sich offenbaren; warum sollte Gott, der das Meer eindämmt, nicht auch unseren Begierden Schranken setzen; warum sollte Gott, der in der Natur so große Wunder thut, nicht auch in andern Sphären durch Wunder sich verherrlichen; warum sollte Gott der allem was da lebet seine Speise gibt, nicht auch geistige Nahrung haben für die Seele des Menschen? Habt ihr mich verstanden, so muß es euch leicht werden in das Heiligthum des Glaubens einzutreten.

Allerdings ist das Glaubensgebäude vormals umdunkelt gewesen, und noch klagen Wohlgesinnte über unergründliche Tiefen in der heiligen Schrift. Wer aber den Einflüsterungen des Unglaubens widersteht, wird beim Blick in diese Tiefen nicht an geschichtlichen Gräuelthaten, nicht an gemißbilligten Verbrechen, nicht an gezüchtigter Halsstarrigkeit sich ärgern, sondern den lebendigen Gott finden der in Adam der Menschheit einen gemeinsamen Vater zeigt; der, nach dem Fall des ersten Menschenpaares, einen Heiland verheißen, diesen Heiland, Jesum Christum seinen eingebornen Sohn, zur Vergebung der Sünden in den Tod gegeben und zur Bekräftigung des ewigen Lebens aus der Gruft hervorgerufen hat. Das ist der Schlüssel zum Heiligthum des Glaubens, das ist der Weg zur Quelle des lebendigen Wassers nach dessen Genuß uns nimmermehr dürsten wird, und daraus müßt ihr schöpfen wenn ihr wie Josua dem Herrn dienen wollt.

2. Um jedoch ein ächter Diener des Herrn zu werden, genügt es nicht einzutreten in das Heiligthum des Glaubens; man muß auch beitreten den Forderungen des geheiligten Willens. Das Dichten des menschlichen Herzens ist böse von Jugend auf, liest man in der Schrift, und unser Gewissen wie die Geschichte bestätigen dieses demüthigende Urtheil. Wehe dem Menschen der diesem Urtheil entschlüpft und den Keim des Bösen in sich nicht entdecken will, denn, selbstgerecht wird er seine Gelüste mit dem Gewissen verwechseln und, wie die übertünchten Gräber des Evangeliums, auswendig hübsch scheinen, inwendig aber voll Unflath sein. Rühmt er sich hingegen, wie Paulus, seiner Schwachheit, so sucht er eine Stütze und findet sie. Wo aber findet er sie und wie behaltet er sie in unserer Zeit? Ehe ich auf diese Frage antworte, möchte ich doch unsere Zeit gewissermaßen in Schutz nehmen gegen ihre strengen Richter, welche zu vergessen scheinen, daß die Geschichte keiner guten Zeit gedenkt, und daß es folglich besser wäre wir nähmen unsere geistige Gebrechen auf eigene Rechnung, als sie auf unsere Zeit zu schieben. Die Zeit darin man lebt hat nur einen entfernten Antheil an unseren Gebrechen, und, wie tief auch der Keim des Bösen in unserem Herzen wurzeln mag, wir müssen über ihm stehen, weil Christus uns auffordert vollkommen zu werden wie unser Vater im Himmel vollkommen ist. Wir sind also zur Heiligung unseres Willens geschaffen und mit Gottes Gnade können wir das vorgesetzte Ziel erreichen, wenn wir die Sache zu Herzen nehmen und die gehörigen Mittel anwenden. Laßt uns diese Mittel aufsuchen.

Zu Jesu Zeiten gab es drei Hauptmittel den Willen zu heiligen. Die Essäer zogen sich in die Einsamkeit zurück und hatten Gütergemeinschaft, lebten mäßig, beteten im Stillen, verwarfen die blutigen Opfer, hielten, mit Ausnahme des Sabbaths, wenig auf äußere Gebräuche, und führten ein beschauliches Leben. Die Saducäer priesen die Tugend um ihrer selbst willen und empfahlen reine Sitten; da sie ihre Forderungen aber nicht auf die Hoffnung des ewigen Lebens stützten, arteten sie aus, mißbrauchten die Religion zu politischen Zwecken und geriethen auf gefährliche Abwege. Die Pharisäer drangen tiefer in das Wesen der Religion ein, glaubten an die Auferstehung der Todten, beobachteten streng das mosaische Gesetz, verfielen aber dabei in einen geisttödtenden Kleinigkeitsgeist, welcher ihre oft aufrichtige Frömmigkeit in Verdacht der Heuchelei gebracht hat. Jesus hat, in seinen Reden, der Essäer nie gedacht, sein volksthümliches Leben aber ist als eine stillschweigende Widerlegung ihrer Art und Weise zu betrachten. Was die Saducäer und die Pharisäer betrifft, so hat Jesus sich oft tadelnd über sie ausgesprochen, weswegen die jüdischen Secten und ihre heutigen Nachbeter nicht als Muster zur Heiligung unseres Willens dienen sollen.

Mehr finden wir zu unserem Zweck in dem Alten Testament: In der Geschichte Josephs, wo Keuschheit, Bruderliebe und Versöhnlichkeit empfohlen werden; in den Gesetzbüchern, wo Barmherzigkeit gegen Fremdlinge, Milde gegen Sclaven und Schonung gegen Thiere vorkommen; in den Büchern der Könige, wo Gott Elia's Eifer gegen die Baalspriester rüget; in den Psalmen, wo Er nicht Opfer, sondern Dankbarkeit und Treue fordert; in den Propheten, wo geschrieben steht: „Laß los, welche du mit Unrecht gebunden hast; laß ledig, welche du beschwerest; gib frei, welche du drängest; brich dem Hungrigen dein Brod und die so im Elend sind, führe in's Haus; so du einen nackend siehest, so kleide ihn und entzeuch dich nicht von deinem Fleisch, alsdann wird dein Licht hervorbrechen, wie die Morgenröthe, und deine Besserung wird schnell wachsen, und deine Gerechtigkeit wird vor dir hergehen und die Herrlichkeit des Herrn wird dich zu sich nehmen.“ Nach solchen Lehren kann es nur betrüben, daß Moses und die Propheten so oft falsch beurtheilt werden, und daß selbst das Kreuz Christi Vielen eine Thorheit bleibt.

Zu diesen Letztern gehört wohl Niemand unter euch, damit aber ist noch nicht geholfen, denn erst nachdem das Wort vom Kreuz zur Gotteskraft in euch geworden ist, sollt ihr selig werden. Gotteskraft aber ist nur dann in euch, wenn ihr, über den Buchstaben hinaus, von dem heiligen Geiste durchdrungen und neugeboren, in die Fußstapfen eueres Erlösers tretet, um Gott mit Leib und Seele ergeben zu bleiben.

Der Wille des Christen wird nicht geheiligt durch blos beschauliches Leben, nicht durch äußere Gesetzestreue, nicht durch fromme Geberden; sein Wille wird geheiligt durch völlige Entsagung der Welt und ihrer Lust, was ihn aber nicht hindert, seine Kraft im Dienste der Menschheit zu verzehren und an Allem was menschlich ist, warmen Antheil zu nehmen. Wie belehrend spricht hierüber unser Herr! „Es sei denn, sagt er, daß euere Gerechtigkeit besser sei als die der Schriftgelehrten und Pharisäer, so werdet ihr nicht in das Himmelreich kommen. Wer mir nachfolgen will, der verläugne sich selbst und nehme auf sich sein Kreuz. Wenn du deine Gabe auf dem Altar opferst und wirst allda eingedenk, daß dein Bruder etwas wider dich hat, so laß allda deine Gabe und gehe zuvor hin und versöhne dich mit deinem Bruder, und alsdann komme und opfere deine Gabe. Habe Acht auf dein Almosen, daß du es nicht gebest vor den Leuten, um von ihnen gesehen zu werden. Wenn du betest, so gehe in deine Kammer und schließe die Thüre zu und bete bei deinem Vater im Verborgenen. Wenn du fastest, so salbe dein Haupt und wasche dein Angesicht, auf daß du nicht scheinest vor den Leuten mit deinem Fasten. Richte nicht, auf daß Du nicht gerichtet werdest, und halte für selig die geistlich Armen, die Leidtragenden, die nach Gerechtigkeit Dürstenden, die Barmherzigen, die reinen Herzens sind und die um Christi willen verfolgt werden." Beherzigen wir diese Worte und thun wir darnach, so entsprechen wir den Forderungen des geheiligten Willens und werden wie Josua dem Herrn dienen.

3. Schenkt mir nun noch euere Aufmerksamkeit, wenn ich von dem Fortschritt in dem Werke des Herrn spreche, denn es ist kein Kleines einen Gegenstand zu berühren, welcher heute die Welt aus den Angeln zu heben droht. Fern sei es von mir, dem Fortschritt entgegen zu treten. So wenig ich, um Stürme zu verhüten, ewige Meeresstille empfehlen möchte, so wenig wünsche ich Stillstand in der politischen, gelehrten und kirchlichen Welt. Bewegung ist Leben und läßt sie auch mitunter Trümmer zurück, so sproßt aus dem Schutt immer neues Leben hervor, weswegen ich, in den Wirren unserer Zeit, die Hoffnung besserer Tage nie verloren habe. Die Menschen lassen sich ein=

mal nicht durch fremde Erfahrung leiten; jedes Geschlecht geht seinen eigenen Gang, und erst wenn es in der Grube seiner Thorheiten erwacht, streckt es die Hände nach dem Retter aus. Blickt in euer Innerstes und ihr werdet an euere Brust schlagen, wie die Juden auf Golgatha. Ja, Freunde, es ist in der Welt ein immerwährendes, nothwendiges Vorwärtsschreiten, wobei des Menschen Thorheit Alles verwirrt und wobei wir, in dem selbstgeschaffenen Jammer, vergehen müßten, wenn wir nicht die Himmelsworte vernähmen: „Verlaß dich auf den Herrn von ganzem Herzen und verlaß dich nicht auf deinen Verstand, sondern gedenke an Ihn in allen deinen Wegen, so wird Er dich recht führen." Es liegt nicht in meiner Absicht, den Fortschritt aus diesem allgemeinen Gesichtspunkte zu betrachten; denn ich stehe nicht hier um allem Hader ein Ende zu machen und das Versöhnungsfest zwischen Glauben und Wissen zu feiern. Dieses Werk betreibet ein Gewaltigerer als ich, und Er allein weiß die Stunde, welche seiner Macht vorbehalten ist. Ich beschränke mich auf den Fortschritt im Dienste des Herrn.

Die Vertreter der Religion müssen Schweres verschuldet haben, um als Gegner des wissenschaftlichen Strebens bezeichnet zu werden; denn wie Bedeutendes, zum Beispiel, die Naturwissenschaften leisten, sie bewegen sich nur in dem Gebiet der sichtbaren Schöpfung, während die Religion, über alle Grenzen des Endlichen hinaus, das Unendliche sucht. Fortschritt ist von jeher auf das Engste mit der Religion verbunden gewesen, wie es aus der Entwicklung des Gottesgedanken in der Schrift und aus der freien Entfaltung des Christenthums in der Geschichte erhellt. Wohl haben Aberglaube, Unglaube und Herrschsucht sich in die Sache gemischt und den Erziehungsplan Gottes durchkreuzt; wer aber dürfte diese Irrungen allein auf die Kirche schieben?

Bleiben wir nun bei dem Fortschritt im Dienste des Herrn, so behaupte ich, er bestehe nicht, wie einige meinen, in Umwandlung des Christenthums, auf Kosten seiner Geschichte und seiner bisherigen Lehrsätze, und fühle mich gedrungen zu erklären, daß diese Richtung kein Fortschritt, sondern ein Uebel ist, das nur durch scheinbaren Rückschritt gehoben werden kann, wie zu Anfang des sechszehnten Jahrhunderts, wo, nach dem allgemeinen Urtheil, die Gräuel des Unglaubens und des Aberglaubens eine Rückkehr zu dem Urchristenthum nothwendig gemacht hatten. Wer müßte nicht diesen Rückschritt einen Fortschritt nennen und wen müßte es nicht empören, wenn man jetzt, wie damals, Christum zur Fabel und die Bibel zum Lügenbuch herabzuwürdigen sucht? Dieß aber darf nicht geschehen und ich will es handgreiflich machen, wie gewisse Rückschritte Fortschritt sind. Als der verlorene Sohn sein Gut umgebracht hatte mit Prassen, ging er in sich und sprach: Wie viele Taglöhner hat mein Vater, die Brodes die Fülle haben und ich verderbe im Hunger. Ich will mich aufmachen und zu meinem Vater gehen und ihm sagen: Vater, ich habe gesündiget in dem Himmel und vor dir, und ich bin hinfort nicht werth, daß ich dein Sohn heiße. War dieser Entschluß nicht besser, als wenn der unglückliche Sohn, in seinem Falle beharrend, bis zum vollendeten Bösewicht fortgeschritten wäre? Es gibt also einen Rückschritt, der zu den besten Fortschritten gehört. Merkt ihr daher, daß die Grundfesten euerer christlichen Ueberzeugungen wankend werden, so sprecht: Ich will mich aufmachen und zu meinem Vater gehen; merkt ihr, daß mit den Grundfesten des Glaubens euere sittliche Kraft geschwächt wird, so sprecht: Vater, ich habe gesündiget im Himmel und vor dir; merkt ihr, daß euer Zustand euch elend macht, so sprecht: Vater, ich bin nicht werth, daß ich dein Kind heiße; und es wird Freude sein im Himmel über euch, die ihr Buße thut.

Bei diesem rückschreitenden Fortschritt darf es aber nicht bleiben, wenn man dem Herrn recht dienen will. Es ist nicht genug, dem Versucher auszuweichen und Schatten von Licht zu unterscheiden; man muß dem Schatten auf immer Lebewohl sagen, sein Licht leuchten lassen vor der Welt und nie vergessen, daß man Gott mehr als den Menschen gehorchen müsse.

Doch der eigentliche Fortschritt, der, welcher jedem andern vorangeht und jeden andern in sich faßt, ist Wachsthum in der Liebe, welche mit Christo in die Welt gekommen ist, damit Alle die glauben, nicht verloren gehen, sondern das ewige Leben haben. Diese Liebe, welche das Erlösungswerk begonnen und vollendet hat, ist die Wurzel alles Wahren und Guten, ist Wärme und Licht in Einem, und darum hat Gott des Menschen Herz vollgegossen mit Liebe, stärker als der Tod. Da aber eben bewährt sich der Feind des Guten, indem er reine Gottes- und Menschenliebe umwandelt in Selbstliebe, die Alles an sich ziehen und in ihr Joch spannen will. Wendet euch ab von diesem Bilde und hört auf die Worte Pauli von der langmüthigen, verträglichen Liebe und glaubt mit Johannes, daß wer seinen Bruder haßt, nicht von Gott sei. Daraus folgt aber nicht daß, um der Liebe willen, man Alles zu billigen oder zu entschuldigen habe, was der Nächste will oder thut; daß das räudige Schaaf bei der Heerde bleiben und daß der Wolf als Hirte bestellt werden könne; denn auch der Heerde ist man Liebe und, in Gefahren, Beistand schuldig. Nur sei es mit Wort und Geduld, nicht mit Feuer und Schwert. Darum lasset euer Licht leuch-ten vor der Welt, daß sie euere guten Werke sehe und eueren Vater im Himmel preise. So werdet ihr wie Josua dem Herrn dienen.

Ich bin zu Ende, meine Theuern, und es bleibt mir nur übrig euch nochmals für das Fest zu danken, das ihr mir bereitet habt und das ich, im Lichte des Glaubens, als ein Freudenfest feiere, weil es mich an meine baldige Genesung in dem Himmel erinnert. Ja, ich habe Lust abzuscheiden, um bei Christo zu sein, und ich wünsche, daß diese Lust euch von der Macht des Glaubens an den gekreuzigten und auferstan-denen Christus überzeuge und euch vermöge zu kämpfen den guten Kampf zum ewigen Leben. Der Gott unserer Väter sei mit euch Allen, Er stärke meinen Amtsbruder und die Aeltesten dieser Kirche, daß sie ihrem Amte wohl vorstehen und, nach meinem Heimgang, mit der Ge-meinde, dem Herrn in einträchtiger Liebe dienen. Amen.

TRADUCTION

DU

SERMON DE M. MÆDER

SUR JOSUÉ, XXIV, 15.

DEMANDÉE PAR LE CONSEIL PRESBYTÉRAL.[1]

CHRÉTIENS, MES TRÈS-CHERS FRÈRES EN JÉSUS-CHRIST!

Il y a aujourd'hui cinquante ans que, vocation reçue, j'ai parlé pour la première fois du haut de cette chaire et, si le souvenir du 7 mai 1815 me fait penser à l'auteur de toute grâce excellente et de tout don parfait, il porte aussi mes regards attendris sur une paroisse dont l'indulgente bonté a été propice aux premières années de mon ministère, et dont les sympathies sont ma joie au déclin de mes jours. Oui, je suis reconnaissant de votre amour, et si j'ai hésité à en accepter les effets, c'est que je m'en croyais peu digne, et que je n'avais pas encore pesé toutes les raisons qui m'ont décidé plus tard à prêcher le jour de mon jubilé, à la condition toute-

---

1. J'ai longtemps résisté à mes excellents collègues du conseil presbytéral, avant de consentir à traduire en français, c'est-à-dire à décolorer mon sermon du 7 mai 1865, que, par des raisons que tout le monde appréciera, j'ai été obligé de prononcer en allemand, et je regrette cette mesure comme le bien que, dans les plus louables intentions, on a dit de moi à l'église.

fois de passer sur ma personne et de m'en tenir à la seule chose nécessaire.

Mais le sujet était vaste et je désespérais de l'étreindre, lorsque la grande figure de Josué, rappelant aux tribus d'Israël les bienfaits du Très-Haut, leur laissant la liberté de le servir ou de le quitter, et déclarant que *lui et sa maison serviraient l'Éternel*, mit fin à mon indécision. La vigoureuse apostrophe du successeur de Moïse me toucha, et, comme lui, je fis vœu, non-seulement de servir l'Éternel, mais de le servir avec vous. Si vous acceptez la solidarité de ce vœu, acquittez-le *en entrant dans le sanctuaire de la foi, en sanctifiant votre volonté et en progressant dans l'œuvre du Seigneur.*

Père de notre Seigneur Jésus-Christ, donne-moi de porter mes auditeurs à servir l'Éternel et à obéir à sa voix! Ainsi soit-il.

1. *Pour servir l'Éternel, entrez dans le sanctuaire de la foi.* L'expérience, celle de l'adversité surtout, nous apprend que ce qu'on appelle vulgairement la foi, n'est pas toujours la véritable foi. Il importe donc de chercher la véritable foi à travers le dédale de superstition, d'incrédulité, de fanatisme et d'indifférence, qui agite notre siècle et le pousse aux abîmes de la perdition. Raison de plus, pour les fidèles, de résister à l'erreur et au mensonge, tout en ménageant les fauteurs de l'impiété.

Comme il n'y a ici ni fanatiques, ni incrédules, il est superflu de m'étendre sur notre situation, quoique nous ne manquions pas de croyants sincères ébranlés par l'esprit frondeur de l'époque. Ou bien, seriez-vous plus avancés que je le suppose? La foi de vos jeunes années, la foi du cœur, aurait-elle été étouffée par d'audacieux sophistes? Non, vous n'êtes pas allés jusque-là: vous n'êtes qu'éblouis, déroutés, malheureux peut-être, et j'essayerai de lever vos doutes, pour raffermir votre foi.

L'incrédulité du siècle est un effet de l'antagonisme entre la foi et la science. La science, dit-on, rejette la foi, et l'Église hait la science. La vérité est que, tenant pour suspects les progrès de l'esprit, l'Église s'est liguée autrefois avec l'État, pour écraser la science. Mais le naturel chassé revient au galop, de sorte que la science a pris un essor merveilleux et n'a trébuché que pour avoir voulu écraser sa rivale, et voilà l'ennemi qui, en ce moment, barre le chemin du sanctuaire.

J'ai dit que l'Église avait jadis usurpé la tutelle de la science, et je l'en ai blâmée, de sorte qu'il me sera bien permis de relever les prétentions exorbitantes de la science. La science et la religion puisent leurs principes à des sources distinctes, se préoccupent de questions dissemblables et marchent au but par des chemins divers. La première tient à l'expérience, s'attache au monde visible et se borne au témoignage des sens; la seconde écoute la conscience, vit dans le monde spirituel et s'appuie sur l'histoire, au scandale de la science qui ne va pas au delà du monde sensible. Et pourtant, il y a un sens intime, pour observer un monde intime, qui a ses lois comme la nature. C'est parce que la réalité du monde intime est contestée, c'est parce que la science veut peser sur la religion, que l'Église redoute de s'allier avec elle. Laissez sa méthode à chacune des deux, à la religion comme à la science, et elles se tendront la main, car qu'est-ce que l'univers sans Dieu vivant, et qu'est-ce que la religion sans esprit scrutateur?

Si donc vous comptez aller au sanctuaire de la foi, ne rejetez pas la science; considérez-la plutôt comme un auxiliaire utile, mais défiez-vous-en du jour où elle voudra identifier l'intelligence avec la matière, et n'oubliez pas que l'œil de l'esprit perçoit des choses, que l'oreille de l'esprit entend des choses auxquelles le monde sensible ne peut rien opposer, et qui ont autant de raison d'être que lui. Pourquoi Dieu, qui se manifeste dans l'univers, ne se révélerait-il pas au cœur humain? Pourquoi Dieu, qui endigue les flots de l'océan, ne mettrait-il pas un frein à nos passions? Pourquoi Dieu, qui opère tant de miracles dans la nature, n'en ferait-il pas dans d'autres sphères? Pourquoi Dieu, qui nourrit toute créature vivante, n'aurait-il pas de nourriture spirituelle pour l'âme humaine? Une bonne réponse à ces questions et vous entrerez sans peine au sanctuaire de la foi.

Sans doute, ce sanctuaire est resté longtemps dans les brouillards et, aujourd'hui encore, certains croyants ont le vertige en essayant de sonder les profondeurs de la parole de Dieu. Mais, pour peu qu'ils résistent aux insinuations de l'incrédulité, ils ne seront scandalisés ni des forfaits historiques, ni des crimes hautement condamnés, ni des rébellions sévèrement châtiées des enfants d'Israël, et se soumettront au Dieu vivant qui a fait d'Adam le père commun des hommes, qui, après la chute de nos premiers parents, a promis un sauveur, et l'a donné en Jésus-Christ, son fils unique, mort pour nos péchés et ressuscité pour notre justification. Voilà la clef du sanctuaire de la foi, voilà le chemin de la source d'eau vive qui désaltère à perpétuité, et c'est de cette source que vous boirez pour servir l'Éternel comme Josué.

2. Mais pour servir l'Éternel, il ne suffit pas de s'établir au sanctuaire de la foi, il faut en outre *sanctifier la volonté*. L'Écriture sainte affirme que, dès sa jeunesse, l'homme est porté au mal, et l'histoire comme l'instinct moral confirment cette humiliante proposition. Malheur à celui qui la décline et ne sent pas en lui le germe du mal; car il confondrait les appétits charnels avec la conscience et, semblable aux sépulcres blanchis de l'Évangile, il paraîtrait beau par dehors et serait plein de pourriture au dedans, tandis que si, comme saint Paul, il se glorifiait de sa faiblesse, il chercherait un appui

et le trouverait. Mais où le trouverait-il, et comment le con-
serverait-il à notre époque? Avant de répondre à ces questions,
je ferai observer aux juges impitoyables de cette époque que,
l'âge d'or étant une fiction, on ferait mieux d'accepter la responsabilité de ses péchés, que de les imputer à un temps
quelconque. Le temps où nous vivons participe peu à nos
misères, et quelqu'enraciné que soit en nous le mal, il faut
qu'il plie sous notre volonté, parce que Jésus veut que nous
devenions parfaits comme notre Père au ciel est parfait. Nous
sommes donc tenus à sanctifier notre volonté et, par la grâce
de Dieu, nous arriverons au but, si nous y tendons par les
bons moyens. Cherchons ces moyens.

Du temps de Jésus, il y avait trois spécifiques capitaux
pour sanctifier la volonté. Les Esséniens vivaient dans la re-
traite et en communauté de biens; ils étaient sobres, priaient
en secret, rejetaient les sacrifices sanglants, faisaient, sauf le
sabbat, peu de cas du culte public et s'adonnaient à la vie
contemplative. Les Saducéens aimaient la vertu pour elle-
même et tenaient à la pureté des mœurs; mais, comme ils
niaient la vie éternelle, ils dégénérèrent, firent servir la religion à la politique et tombèrent dans de déplorables excès.
Les Pharisiens entendaient mieux la religion que les Saducéens; ils admettaient la résurrection des morts et observaient
rigoureusement la loi de Moïse; mais, comme ils tenaient
plus à la lettre qu'à l'esprit de cette loi, leur piété, souvent
sincère, était suspecte d'hypocrisie. Dans ses discours, Jésus
ne fait pas mention des Esséniens, mais sa vie expansive est
une réfutation implicite de leurs pratiques. Quant aux Saducéens et aux Pharisiens, Jésus les a trop souvent blâmés pour
que leur exemple et celui de leurs adeptes actuels puissent
servir à sanctifier la volonté.

Sous ce rapport, nous trouvons mieux dans l'Ancien Testament. Dans l'histoire de Joseph, qui recommande la chas-

teté, l'amour fraternel et le support; dans les livres de la Loi, qui prescrivent l'humanité envers l'étranger, la bonté envers l'esclave, et la douceur envers les animaux; dans les livres des Rois, où Dieu condamne la rigueur d'Élie envers les pontifes de Baal; dans les psaumes où Il préfère aux sacrifices la gratitude et la justice; dans les prophètes où il est écrit : «Romps les chaînes de l'iniquité, délie le joug, laisse aller libres ceux qui sont foulés; donne de ton pain à celui qui a faim, et fais venir dans ta maison les affligés; donne des habits à celui qui en manque et n'aie point honte de ton frère. Alors ta lumière éclora comme l'aurore, et ta santé se rétablira, et ta justice marchera devant toi et la gloire de l'Éternel t'environnera.» Après cela, on peut s'affliger que Moïse et les prophètes soient parfois si mal appréciés, et que, pour plusieurs même, la croix de Christ soit une folie.

Vous n'êtes pas de ces derniers, mais cela ne suffit pas, car, pour être sauvé, il faut que la croix soit une puissance de Dieu, et vous n'aurez cette puissance de Dieu que si, dégagés de la lettre, pénétrés du Saint-Esprit et régénérés par lui, vous marchez sur les traces du Sauveur, pour vous donner, corps et âme, à Dieu. La volonté du chrétien n'est sanctifiée ni par une vie purement contemplative, ni par la fidélité externe à la loi, ni par des attitudes dévotes; elle l'est par le renoncement au monde, qui n'empêche pas de se dévouer au prochain. C'est pour vous mettre dans cette voie que Christ a dit : «Si votre justice ne surpasse pas celle des scribes et des pharisiens, vous n'entrerez pas dans le royaume des cieux. Si quelqu'un veut venir après moi, qu'il renonce à soi-même et se charge de sa croix. Si tu apportes ton offrande à l'autel, et que là tu te souviennes que ton frère a quelque chose contre toi, laisse là ton offrande devant l'autel et va-t'en premièrement te réconcilier avec ton frère, et après cela, viens et offre ton offrande. Prends garde de ne pas faire ton aumône devant les hommes, afin d'en être vu. Quand tu pries, entre dans ton cabinet, ferme la porte, et prie ton Père dans ce lieu secret. ·Quand tu jeûnes, oins ta tête et lave ton visage, afin qu'il ne paraisse pas aux hommes que tu jeûnes. Ne juge point, afin que tu ne sois point jugé, et considère comme heureux, les pauvres d'esprit, les affligés, les affamés de justice, les miséricordieux, les cœurs purs et les persécutés pour Christ. » En prenant à cœur ces paroles et en les pratiquant, vous sanctifierez votre volonté et servirez l'Éternel comme Josué.

3. Prêtez, enfin, votre attention à ce qu'il me reste à dire *du progrès dans l'œuvre du Seigneur,* car c'est une grande affaire de toucher au levier qui menace de faire dérailler le monde moderne. Loin de moi la pensée de résister au progrès : Je ne veux du calme plat nulle part et veux du mouvement partout, parce que mouvement est synonyme de vie, et que, s'il entasse des ruines, les ruines fécondent les germes d'une nouvelle vie. On aurait, au surplus, beau faire; l'homme ne profitera jamais des expériences de son voisin, et ne criera merci qu'au fond de l'abîme creusé par ses propres fautes. Rentrez donc en vous-mêmes et vous vous frapperez la poitrine, comme les Juifs à Golgotha. Oui, mes frères, il y a un progrès permanent et nécessaire, que les folies de l'homme ne cessent de compromettre, et où, dans sa misère, il a besoin de se rappeler les belles paroles de Salomon : «Mets ta confiance en l'Éternel, et ne te repose pas sur ta prudence, aie-le devant les yeux dans toute ta conduite et il te dirigera. » Il ne me convient pas de considérer le progrès sous ce point de vue général, car je n'ai pas mission de mettre fin à nos débats, par la réconciliation de la science avec la religion. Je m'en remets, pour cette œuvre, à Celui qui seul connaît l'heure réservée à sa puissance. Pour moi, je m'arrête au progrès relatif au service de l'Éternel.

Il faut que les représentants de la religion aient de terribles comptes à régler, pour s'être fait considérer comme les adversaires du progrès scientifique, car quelque immense que soit la marche ascendante, par exemple, des sciences naturelles, elles ont des horizons bornés, tandis que la religion aspire à l'infini. A en juger par le développement de l'idée de Dieu dans la Bible et par la libre expansion du christianisme dans l'histoire, le progrès est inhérent à la religion, et, s'il est vrai que la superstition, l'incrédulité et l'esprit de domination se sont donné le mot pour enrayer la marche progressive de l'humanité, pourquoi en accuser l'Église?

Pour en venir, maintenant, au progrès en matière de religion, j'affirme qu'il ne consiste pas dans la transformation du christianisme aux dépens de son histoire ou de ses principes, et je déclare sans ambages que, loin d'être un progrès, cette tendance est un danger, qui ne sera conjuré que par un recul apparent et analogue à celui du seizième siècle, où, de l'avis de tout le monde, les abominations de l'incrédulité et de la superstition avaient nécessité un retour au christianisme primitif. Si ce retour est un progrès, que dire de la prétention actuelle de faire du Christ une légende et de la Bible un recueil d'impostures? Qu'elle n'a aucune raison d'être, et je ferai toucher au doigt qu'on peut progresser en reculant. Ayant dissipé son bien, l'enfant prodigue rentra en lui-même et dit : Combien y a-t-il de gens à gages chez mon père, qui ont plus de pain qu'il ne leur en faut, et moi, je meurs de faim. Je me lèverai et m'en irai vers mon père et lui dirai : Mon père, j'ai péché contre le ciel et contre toi, et je ne suis plus digne d'être appelé ton fils. Ce retour de l'infortuné jeune homme, n'est-il pas préférable à un progrès indéfini dans le mal, et n'y a-t-il, par conséquent, pas des retours équivalents aux meilleurs progrès? Si donc vous sentez que la base de vos convictions chrétiennes est ébranlée, dites : Je vais me lever pour aller vers mon père; si vous sentez que vos forces morales baissent en raison de l'amoindrissement de votre foi, dites : Mon père, j'ai péché contre le ciel et contre toi; si le poids de vos péchés vous écrase, dites : Mon père, je ne suis plus digne d'être appelé ton fils; et il y aura de la joie au ciel pour votre conversion.

Le vrai serviteur de Dieu ne s'en tiendra toutefois pas à ce genre de progrès. Il ne suffit pas de se défier du tentateur et de distinguer la lumière des ténèbres; il faut rompre définitivement avec les ténèbres, faire luire sa lumière devant les hommes et avoir toujours présent à l'esprit, qu'il vaut mieux obéir à Dieu qu'aux hommes.

Mais le progrès essentiel, celui qui précède tous les autres et les embrasse tous, c'est le progrès dans l'amour révélé par Christ, afin que ceux qui croient ne périssent point et aient la vie éternelle. Cet amour, qui a entrepris et accompli l'œuvre de la rédemption, est la base de toute vérité et de toute vertu, est à la fois chaleur et lumière, et voilà pourquoi Dieu a fait l'amour plus puissant que la mort. Mais c'est ici surtout que l'ennemi du bien se trahit, en substituant au pur amour de Dieu et des hommes un égoïsme avide et dominateur, qui ne tolère que ses propres opinions et veut tout s'asservir. Détournez-vous de l'égoïsme et écoutez les paroles de saint Paul sur la charité pleine de bonté, pour croire, avec saint Jean, que celui qui n'aime pas son frère, n'est pas de Dieu. Il ne suit toutefois pas de là, que l'amour doive approuver ou excuser la totalité des caprices et des actes du prochain; que la brebis galeuse soit inféodée au troupeau et que le loup ait à porter la houlette, car le troupeau aussi participe à l'amour, et, en cas de danger, à la protection, pourvu qu'elle soit patiente et ne procède jamais par le fer et par le feu. Que votre lumière luise donc devant les hommes, afin qu'ils voient vos bonnes œuvres et

*

glorifient leur Père qui est au ciel. Ce sera servir l'Éternel comme Josué.

J'ai fini, mes frères, et il ne me reste qu'à vous remercier itérativement de la fête de ce jour, que j'aime comme un pressentiment de ma fin prochaine. Oui, je désire sortir de ce monde pour être avec Christ, et je voudrais que ce désir vous convainquît de la puissance de la foi au Christ crucifié et ressuscité, et vous fît combattre le bon combat pour la vie éternelle. Que le Dieu de nos pères soit avec vous, qu'il donne à mon collègue et aux anciens de cette Église de bien remplir leur mission, afin qu'après ma mort, tous ensemble, vous serviez le Seigneur dans la paix et dans la charité. Amen.

DISCOURS

DE

M. LE PASTEUR A. PAIRA

PRONONCÉ A L'AUTEL.

Mes Frères,

Un sentiment de piété filiale vous réunit aujourd'hui au pied de cette chaire. Le doyen de vos pasteurs a bien voulu vous adresser quelques paroles de sagesse et de conseil, à l'occasion du cinquantième anniversaire de son entrée au service de notre Église.

Ces paroles, il vous les a dites avec l'émotion et l'autorité que ses expériences accumulées et ses longs souvenirs ajoutent naturellement à la valeur de ses convictions personnelles. Vous deviniez d'avance ce qu'une solennité si grave pouvait éveiller dans le cœur de votre ancien et vénéré conducteur; et vous avez voulu, par votre empressement à vous réunir ici, lui procurer une sainte joie et soutenir le courage de son âme émue.

Cinquante ans d'activité forment, dans toute carrière sérieuse, une importante et solennelle série de travaux et de vicissitudes, où la fatigue et les épreuves dominent souvent les succès et les joies.

Que sera-ce, si une si longue période d'années et de

services s'est accrue des vicissitudes et des épreuves, des soucis et des luttes qu'un ministre de l'Évangile recueille du dehors?

Voir à nu la misère multipliée du pauvre, et y compatir sans disposer de ressources efficaces; prêter l'oreille et le cœur aux soupirs de tant d'autres âmes affligées; partager les efforts, les douleurs, les progrès et les revers de l'Église militante avec le sentiment d'une écrasante responsabilité; n'est-ce pas ajouter, mes frères, une charge redoutable à toutes celles qui accompagnent la vie privée? Et, quand nous voyons quelqu'un de ces vétérans de la milice du Christ tenir, d'une main intelligente et ferme, le drapeau de l'Évangile, après un demi-siècle d'un ministère souvent traversé par de vives agitations et par de rudes épreuves, ne sommes-nous pas pénétrés d'une profonde et pieuse vénération, d'une respectueuse reconnaissance et disposés à profiter des leçons salutaires qu'il nous offre?

Le jubilé de M. le pasteur Mæder inspire à tous les membres de sa paroisse ces sentiments de loyale gratitude et de chrétienne affection. C'est en votre nom, mes frères, que je le prie d'en accueillir avec confiance l'expression sincère. Votre présence ici aujourd'hui n'en est-elle pas le plus touchant et le plus manifeste témoignage?

Votre attitude recueillie, pendant que vous écoutiez une voix faiblie par l'âge, mais non brisée, et qui, au mois de mai 1815, inaugurait dans ce temple un ministère si rempli, suppléera à la sobriété de paroles que m'imposent l'austère pensée de mon collègue et son caractère antipathique aux démonstrations extérieures. Je sais qu'en vous invitant à cette fête de famille simple et religieuse, il a voulu s'acquitter d'un devoir et d'une dette devant son Dieu et son Sauveur, dont la main n'a point défailli pour lui, plutôt que de recueillir même les plus justes hommages.

Toutefois vous aviez à cœur de lui donner une marque visible et durable de votre attachement. MM. les Anciens, vos représentants directs, inspirés d'un même désir, après en avoir conféré ensemble, ont été amenés à provoquer, par une première souscription, une œuvre éminemment religieuse et utile à l'Église, et dont nous savions que l'idée devait répondre à l'une des plus vives sollicitudes de notre digne président.

Nos églises sont fréquemment en disette de conducteurs. La moisson des âmes à instruire, à édifier, à consoler, est plus grande que le nombre des moissonneurs. La parole du Christ : «La moisson est grande, mais il y a peu d'ouvriers ; priez donc le maître de la moisson d'envoyer des ouvriers dans sa moisson,» était depuis longtemps allée au cœur de notre administrateur vigilant. Le corps pastoral semblait menacé d'une diminution regrettable dans ses rangs, en raison même des difficultés nouvelles issues des nécessités impérieuses de l'état social actuel et des exigences croissantes du public religieux.

La souscription ouverte parmi vous, mes frères, et entreprise spécialement en mémoire du jubilé que nous célébrons, a pour but *la création d'un fonds de secours pour faciliter les études à des jeunes gens que leurs dispositions et leurs aptitudes permettront de diriger vers le ministère évangélique*[1]. Vous avez accueilli cette idée, au double point de vue d'une œuvre précieuse et d'un témoignage de reconnaissance envers votre plus ancien pasteur, avec une bienveillance si universelle et si cordiale que notre vénérable collègue en a éprouvé une joie bien sérieuse et bien douce.

Nous aimons à espérer avec lui, mes frères, que les élèves

---

1. La souscription a produit *quinze cent soixante-huit francs, quatre-vingt-dix centimes*. C'est un beau commencement, et il y a lieu d'en remercier les fidèles.

appelés à profiter de l'appui qui leur sera offert seront pour l'Église de fidèles conducteurs animés d'un scrupuleux respect des droits de la conscience, d'un zèle éclairé pour le développement de la foi libre basée sur l'Évangile et d'un dévouement sincère pour tout ce qui est bien. Nous faisons vœu que M. Mæder puisse encore entrevoir quelques-uns des bons fruits d'un patronage si louable dû à son initiative.

Nous voulions cependant en votre nom, mes frères, lui faire agréer une offrande plus personnelle, quelque modeste qu'elle fût, et qui servît comme de gage de votre filial respect et de votre bon souvenir. Nous rendant au choix de son cœur, nous lui avons dédié un exemplaire de la Bible.

Il a bien voulu l'accepter en témoignage de vos sentiments de pieuse affection. Mais, trouvant que ce volume, que nous ne pouvions pas présenter sous une forme plus modeste, était encore revêtu d'un luxe trop grand pour son usage particulier, il a tenu à le déposer sur cet autel. Son désir est que nous tous, membres du troupeau dont il a vu déjà deux générations entières se renouveler sous son ministère, nous reconnaissions dans cette Bible le symbole auguste de notre religion, le fondement sur lequel repose notre Église, la source divine où notre foi s'éveille, grandit et s'épure, un appel constant à servir Dieu avec droiture et à nous inspirer de l'esprit et des grâces qui découlent des paroles et de l'amour du Christ crucifié.

Vous accepterez ce vœu, mes frères, qui est celui d'un ministre blanchi au service de l'Évangile. Vous y ferez honneur, j'en ai la ferme assurance. Tous vous verrez dans ce livre saint la bannière sous laquelle nous ne devons former qu'un peuple de frères, de rachetés d'un même Sauveur, le roc divin qui abrite nos libertés les plus chères, le trésor de nos plus pures consolations, de nos plus sublimes espérances. Car ce livre des livres, ouvert devant tout le peuple, dit à chacun d'entre nous : « Lire, penser, méditer, croire, prier, aimer, c'est le chemin qui élève une âme vers Dieu ; c'est votre devoir le plus noble ; c'est votre plus belle prérogative ; c'est votre inviolable droit d'enfant de Dieu. »

Sondez, scrutez ces pages ; passez au crible, si vous le voulez, toutes les parcelles de ce livre unique ; livrez à l'é- preuve de la vie le minerai divin dégagé de son enveloppe terrestre ; vous acquerrez bientôt la certitude de son admi- rable puissance.

Que les critiques sévères, utiles aux luttes de l'esprit, frappent sur lui à coups redoublés, comme le marteau du forgeron sur le métal rougi au feu. Il en tombera quelques scories enflammées qui se disperseront comme des jets de lumière ; mais le métal pressé sur lui-même en recevra plus d'éclat, de pureté et de malléabilité pour relever les âmes et les conduire à Dieu.

C'est là aussi la conviction intime du pasteur à qui nous adressons une parole de cordiale effusion. Cinquante ans d'un ministère, fidèlement voué à la même paroisse, n'ont fait que l'affermir dans cette sainte assurance. C'est dans la Bible qu'il a puisé ses plus persuasives paroles quand il vous appelait à la vertu chrétienne, son infatigable sollicitude quand il s'agissait de secourir les pauvres parmi vous, ses plus pieuses bénédictions quand il avait à vous bénir, vous ou vos petits enfants, ses consolations les plus douces quand il était témoin ou confident de vos douleurs. C'est à la Bible qu'il veut reporter tout l'honneur du bien qu'il a pu accom- plir ; et c'est pourquoi il nous presse d'y puiser nous-mêmes un ardent dévouement à la vérité et à la charité.

En ce moment où vos sentiments de sincère gratitude lui présentent un humble et filial hommage, il vous relirait vo- lontiers ce mot de l'Évangile : « Quand vous aurez fait tout ce qui vous est commandé, dites : nous sommes des serviteurs inutiles ; car nous n'avons fait que ce que nous étions obligés de faire. »

Nous nous inclinons avec respect devant cette leçon d'humilité. Mais que notre honoré pasteur nous permette de lui redire, de la part du même Évangile, une parole d'encouragement rémunérateur pour ceux qui abondent dans l'œuvre de Dieu : «Sachez, dit l'apôtre, que votre travail ne sera pas vain auprès du Seigneur.» Je répéterai donc avec vous, chers frères, cette autre parole : « C'est par la grâce de Dieu que vous êtes ce que vous êtes.» Sans doute, mais laissez-moi ajouter la pensée qui la complète : «Et la grâce que Dieu vous a faite n'a point été vaine.»

Recevez cette parole-là, en cette heure si émouvante pour vous, comme une promesse de bénédiction sur votre longue et laborieuse carrière. Votre paroisse sent les graves obligations qui incombent à l'une des fractions de la grande Église chrétienne. La dette du cœur, que votre jubilé lui rappelle, lui en facilitera encore le fidèle accomplissement.

L'Église réformée de Strasbourg se souviendra de son vénéré conducteur. Puissent les vœux qu'elle adresse à Dieu, aujourd'hui particulièrement, vous soutenir sous le poids des années et de la fatigue ! Puisse-t-elle vous réjouir toujours par sa marche progressive dans le chemin de la vérité et de la paix ! Et puissiez-vous, son bien-aimé pasteur, longtemps encore vous souvenir d'elle dans vos prières, et la bénir !

Veuille le Dieu de toute grâce, qui nous appelle à sa gloire en Jésus-Christ, nous perfectionner et nous rendre inébranlables. A lui soit gloire aux siècles des siècles. Amen.

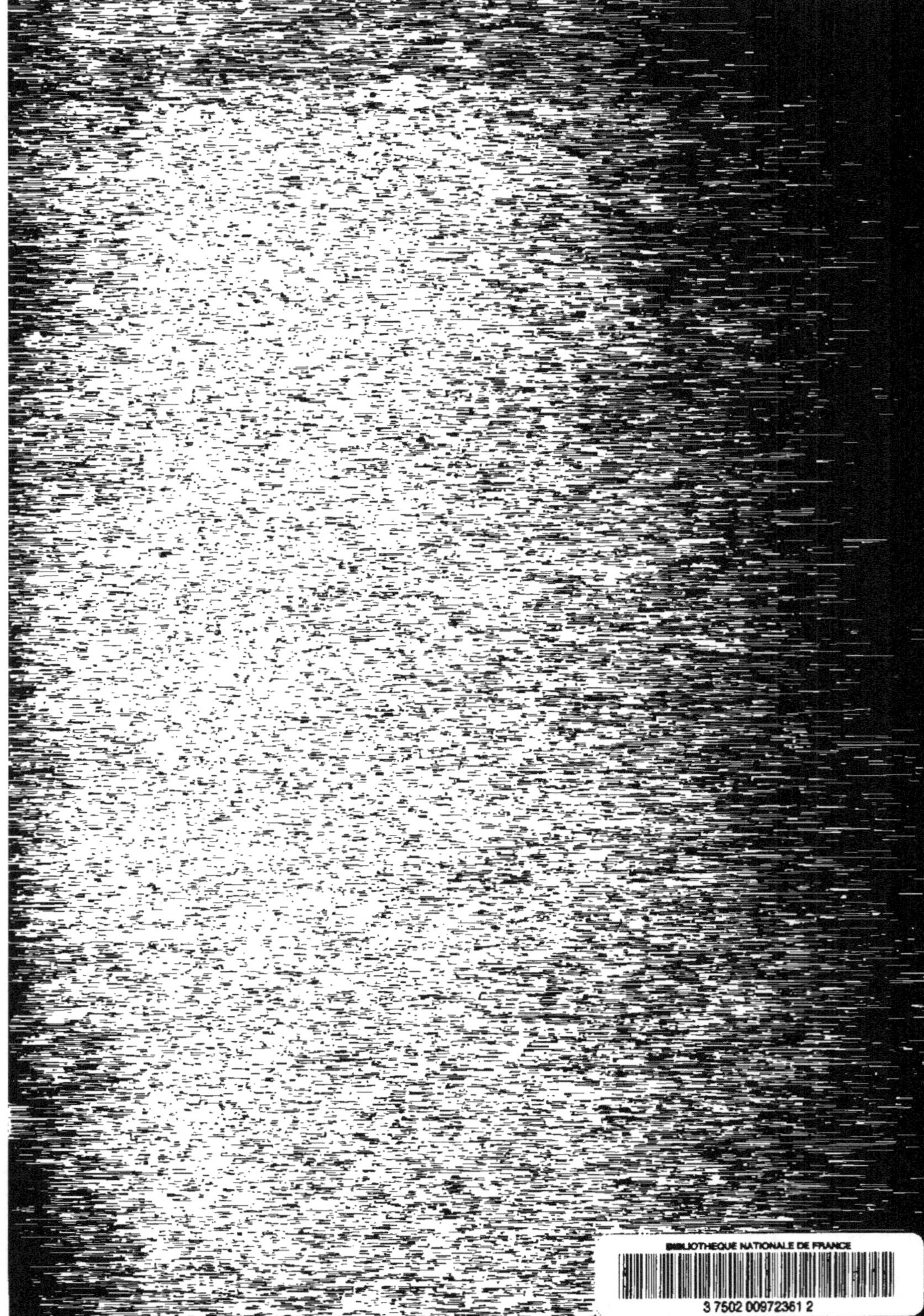